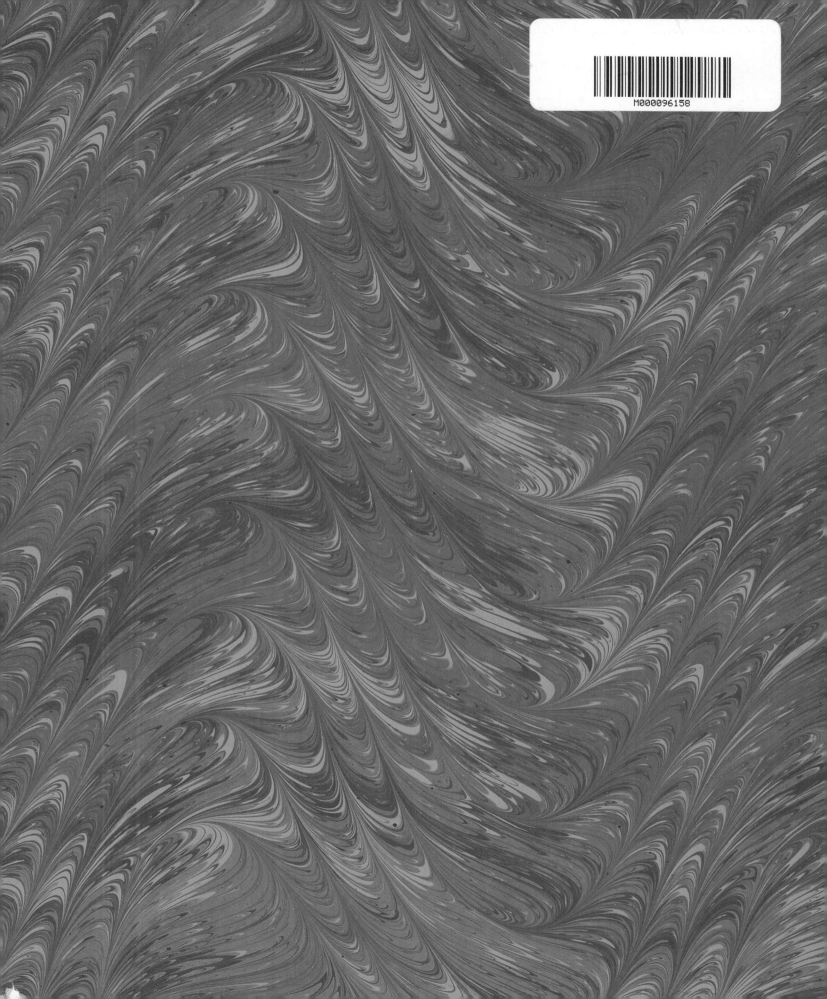

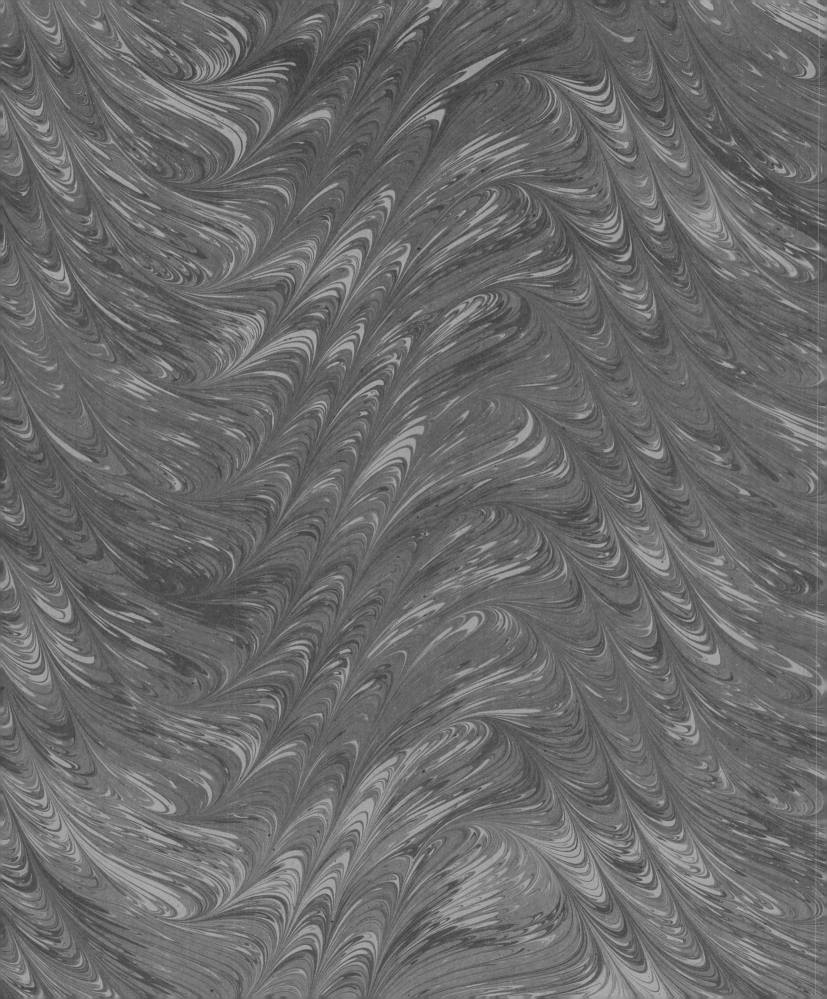

HARCOURT

· T R O F E O S ·

UN PROGRAMA DE LECTURA Y ARTES DEL LENGUAJE DE HARCOURT

ADIVINA QUIÉN

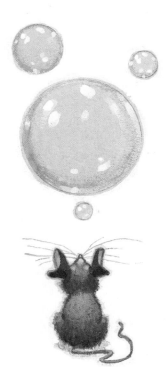

AUTORAS
Alma Flor Ada ◆ F. Isabel Campoy

Harcourt

Orlando   Boston   Dallas   Chicago   San Diego

Visita *The Learning Site*

www.harcourtschool.com

Requests for permission to make copies of any part of the work should be addressed to School Permissions and Copyrights, Harcourt, Inc., 6277 Sea Harbor Drive, Orlando, Florida 32887-6777. Fax: 407-345-2418.

HARCOURT and the Harcourt Logo are trademarks of Harcourt, Inc., registered in the United States of America and/or other jurisdictions.

Acknowledgments appear in the back of this book.

Printed in the United States of America

ISBN 0-15-322655-2

5 6 7 8 9 10 048 10 09 08 07 06

Querido lector:

En **Adivina quién**, conocerás a muchos amigos. Al principio, conocerás a unos gatitos juguetones. En el medio, aprenderás sobre algunos animales sorprendentes. Al final, darás un paseo por un parque y aprenderás sobre unas golosinas sabrosas. ¡Ven y únete a la diversión!

Sinceramente,

Las Autoras

Las Autoras

Soy tu amigo

CONTENIDO

Superlibros

A veces
Keith Baker

Yo soy
Eileen Roe
ilustrado por
Helen Cogancherry

Libros decodificables 1-3

LIBRO DECODIFICABLE 1

5

Vamos a divertirnos

CONTENIDO

Superlibros

Libros decodificables 4-6

Soy tu amigo

El poder de las palabras

**Palabras
para recordar**

corre

mira

Sami corre.
Susi mira.

Género

Ficción realista

Un cuento de ficción realista es un relato que pudo haber ocurrido pero que en realidad no sucedió.

Busca

- personajes que sean seres humanos.

- lugares conocidos.

Susi y Sami

escrito por Holly Keller

Susi usa sombrero.

¡Corre, Susi!

Así corre Susi.

¡Corre, Sami!

Así corre Sami.

¡Mira, Susi!

¡Mamá, mi sombrero!

Reflexionar y responder

1. ¿Cómo pierde Susi el sombrero?

2. ¿Qué hace Susi cuando pierde el sombrero?

3. ¿Qué hace Sami?

4. ¿Te gustaría tener un amigo como Sami? ¿Por qué?

5. ¿Qué crees que harán Sami y Susi ahora?

Conoce a la autora e ilustradora

Holly Keller

A Holly Keller le gusta escribir sobre las aventuras de sus amigos. En "Susi y Sami" los personajes tienen una aventura cuando el viento se lleva el sombrero de Susi. Holly Keller dice, "Fue muy divertido mostrar cómo Sami ayuda a Susi. Los buenos amigos siempre se ayudan".

Holly Keller

Visita *The Learning Site*
www.harcourtschool.com

Hacer conexiones

Susi y Sami

Cuento en grupo

Trabaja en grupo para crear otro cuento sobre Susi y Sami. Cuenta el cuento a tus compañeros.

Escuchar y hablar

24

Al viento

Haz una bandera de tela o papel. El próximo día de viento cuelga la bandera al aire libre. El movimiento de la bandera te dirá en qué dirección sopla el viento.

CONEXIÓN con Ciencias

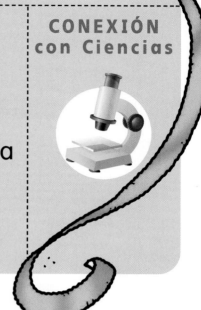

Haz un sombrero

Usa papel de colores para hacer un sombrero. ¿Crees que tu sombrero se volará en un día de viento?

CONEXIÓN con las artes

Secuencia

Destreza de enfoque

Susi y Sami

En los cuentos, la acción ocurre en un orden que tiene sentido. Mira estas ilustraciones de "Susi y Sami".

¿Qué pasa primero?
¿Qué pasa después?
¿Qué pasa al final?

Preparación para la prueba

Secuencia

Miso

Miso corre, corre y corre.
Miso descansa.
Miso se levanta.

1. ¿Qué hizo Miso primero?

○ Miso descansa.

○ Miso corre, corre y corre.

○ Miso se levanta.

Sugerencia

Piensa en el orden en que ocurrieron las acciones. Si no te acuerdas, lee el cuento nuevamente.

27

El poder de las palabras

**Palabras
para recordar**

también

puedes

qué

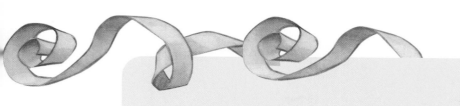

¿Qué hace Pipo?
Así es, Pipo.
¡Tú también puedes!

29

Ficción

Los cuentos de ficción relatan sucesos como si hubieran pasado pero que no han ocurrido.

Busca

- personajes de la vida diaria.

- personajes haciendo cosas que quizás harían de verdad.

Pipo

por Alison Jeffries

ilustrado por Dan Andreasen

Tito se mete en la bolsa.

Misi se mete en la bolsa.

Pasa tú también, Pipo.

¡Así no!

Pipo se asoma.

¡Sí, tú puedes!

¿Qué pasó, Pipo?

Reflexionar y responder

1. ¿Qué hacen Pipo y Misi al principio del cuento?

2. ¿Qué hace Pipo cuando ve a los gatos en la bolsa?

3. ¿Qué pasa cuando Pipo se mete en la bolsa?

4. ¿Crees que Misi y Tito jugarán con Pipo otra vez? ¿Por qué?

5. ¿Qué crees que aprendió Pipo?

Conoce al ilustrador
Dan Andreasen

Cuando la hija de Dan Andreasen estaba en Kindergarten, su maestra le preguntó:

—¿A qué se dedica tu papá?

La niña le respondió:

—¡Papá pinta!

Para ilustrar este cuento, Dan Andreasen realizó los bocetos de los dibujos. Luego cubrió el fondo con un color para darles un brillo especial a las ilustraciones.

Finalmente usó pinturas al óleo para completar su trabajo.

41

El gatito

por Charles Ghigna

ilustrado por Cary Phillips

Hecho un ovillo
de suave pelaje,
maúlla el gatito
en su lenguaje.

Quiere el gatito
al árbol trepar
y los pájaros
ir a visitar.

Juega el gatito,
hace monerías,
afuera y en casa
todos los días.

Hacer conexiones

Uno más dos

Pipo es pequeño. Sus dos amigos son más grandes. Dibuja dos gatos grandes y uno pequeño. ¿Cuántos gatos hay en total?

CONEXIÓN
con las
Matemáticas

Cuando sea grande

Pronto, Pipo va a ser un gato grande. ¿Qué te gustaría ser cuando seas grande? Escribe un párrafo explicando qué vas a ser y haz un dibujo. Muestra tu trabajo.

CONEXIÓN
con la
Escritura

Soy Pipo

Haz una marioneta que sea Pipo. Representa el cuento. Quítatela cuando Pipo salte a la bolsa.

CONEXIÓN
con las Artes
y Estudios
sociales

Sílabas *pa, pe, pi, po, pu* y *ta, te, ti, to, tu*

En este cuento has visto palabras que incluyen las sílabas *pa, pe, pi, po, pu* y *ta, te, ti, to, tu.* Éstas son algunas de ellas:

Tito   pasa   mete   Pipo

En la palabra *pasa* cambia la *p* por una *m*. ¿Qué palabra tienes ahora?

Si lo deseas, puedes usar el Armapalabras para crear más palabras con estas sílabas.

Preparación para la prueba

Sílabas *pa, pe, pi, po, pu* y *ta, te, ti, to, tu*

1. ¿Cuáles dibujos comienzan con el sonido de *pa, pe, pi, po* o *pu*?

2. ¿Cuáles dibujos comienzan con el sonido de *ta, te, ti, to* o *tu*?

Sugerencia

Di en voz alta la palabra que representa cada dibujo.

El poder de las palabras

Palabras para recordar

es

soy

hace

Yo soy una hormiga.
¿Sabes cómo es mi casa?
Te diré cómo se hace.

No ficción

Un cuento de no ficción relata sobre cosas que son reales.

Busca

- **cosas que veas en el mundo real.**

- **fotografías reales de animales tales como hormigas.**

La hormiga

por Jonathan Zea
fotografías por Barry Runk

Ésa es mi casa.

¡Asómate si puedes!

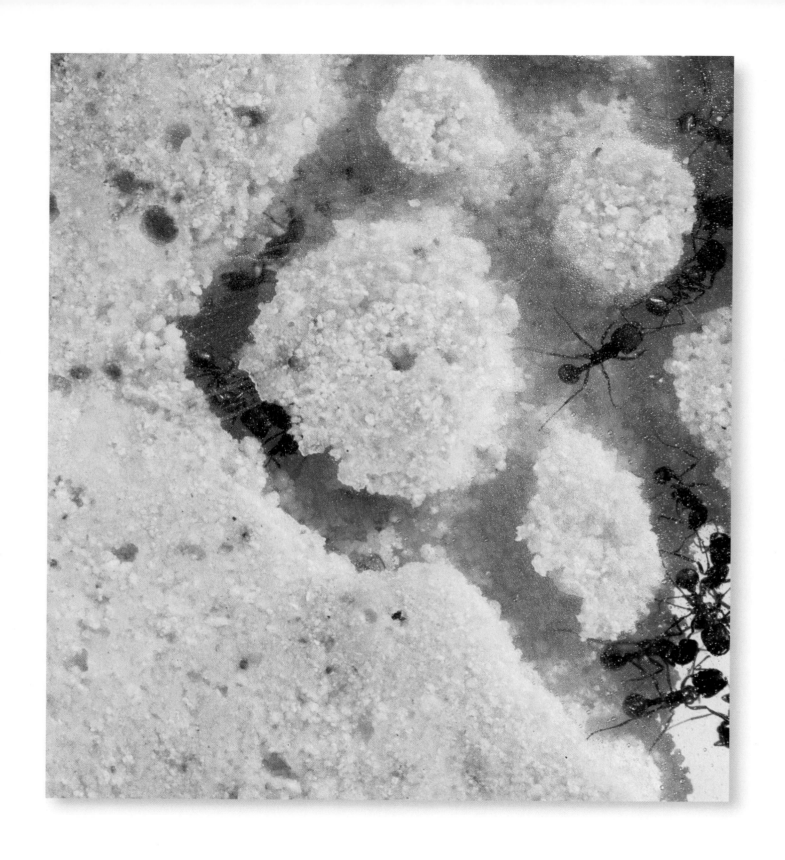

Soy una hormiga.

¿Cómo se hace mi casa?

Paso a paso.

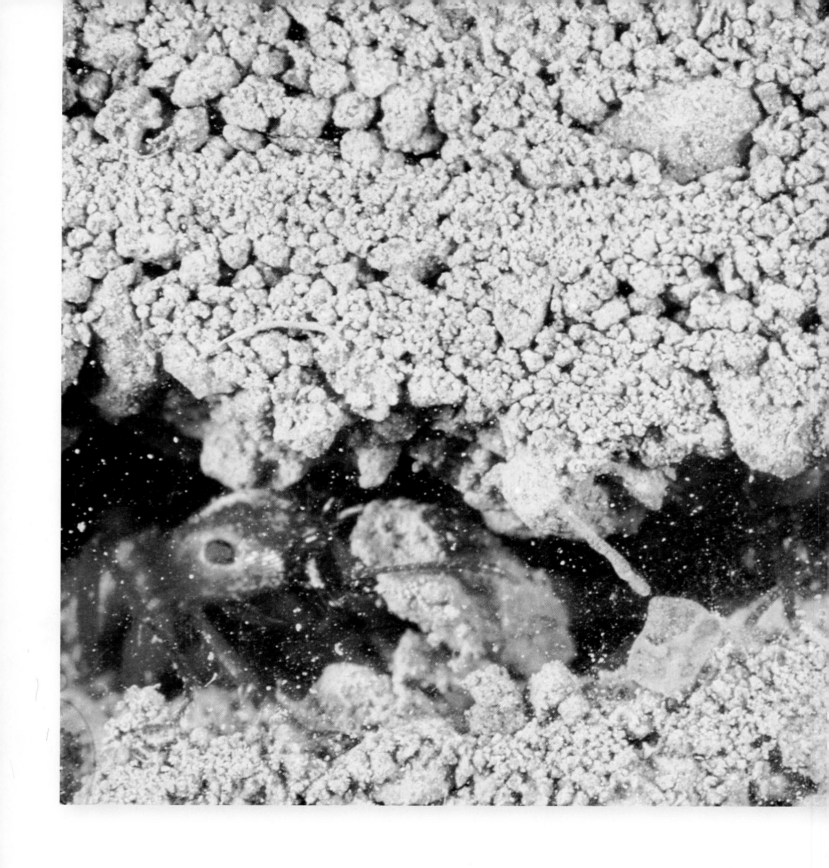

Poco a poco.

Así uso mi boca.

¡Ése es mi hormiguero!

Reflexionar y responder

1. ¿Qué hacen las hormigas?

2. Las hormigas hacen muchas de las cosas que hacemos nosotros. Nombra algunas de esas cosas.

3. ¿De qué están hechas las casas de las hormigas?

4. ¿Crees que las hormigas trabajan mucho? Explica por qué.

5. Si tú fueras una hormiga, ¿qué te gustaría hacer?

Conoce al fotógrafo

Barry Runk

Barry Runk ha sido un fotógrafo de ciencias naturales durante más de 40 años. Para tomar las fotografías de este cuento, Barry Runk construyó un hogar especial para las hormigas entre dos vidrios. Dejó que las hormigas vivieran allí y se dedicó a observarlas. Cada vez que las veía en acción, o colaborando para hacer algo, tomaba una foto. ¿Te gustaría ser un fotógrafo como Barry Runk?

65

Hacer conexiones

Más sobre las hormigas

Las hormigas son muy interesantes. Busca dos datos más sobre las hormigas. Comenta con la clase lo que encuentres.

CONEXIÓN con la Ciencia y la Tecnología

Como nosotros

Las hormigas y nosotros hacemos algunas cosas parecidas. Dibuja una hormiga cargando algo. Luego dibújate a ti haciendo lo mismo.

CONEXIÓN con los Estudios sociales

Las hormigas colaboran

Escribe y haz un dibujo de algo que las hormigas hagan en grupo. Puedes escribir algo real o fantástico.

CONEXIÓN con la Escritura

Detalles

Cuando lees un cuento, no necesitas recordar todas las palabras o **detalles**. Sólo debes recordar los detalles más importantes para entender lo que estás leyendo.

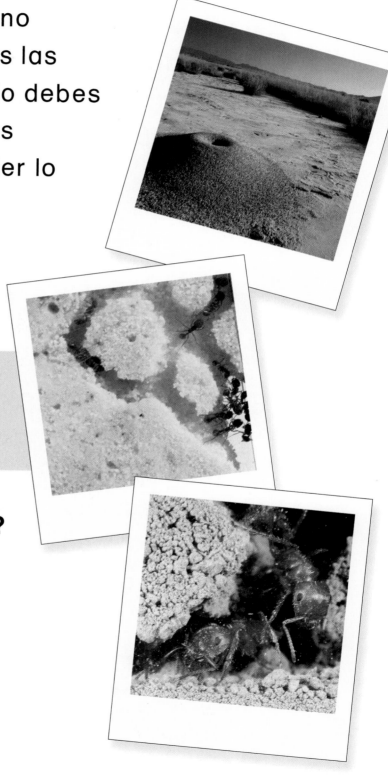

Lee nuevamente esta parte de "La hormiga".

¿Cómo se hace mi casa?

**¿Qué hace la hormiga?
¿Cómo lo hace?**

Las hormigas

Las hormigas suben la colina.
Compran leche y comida.
Las hormigas bajan.

1. ¿Qué compran las hormigas?

○ Las hormigas compran una cama.

○ Las hormigas compran leche.

○ Las hormigas compran
leche y comida.

Sugerencia

**Lee con atención.
Piensa en por qué las
hormigas suben a la
colina.**

69

Vamos a divertirnos

El poder de las palabras

Palabras para recordar

tiene

ayuda

oh

¿Qué tiene Benito?
¡Oh, qué buen amigo!
Benito ayuda a Nico.

Género

Fantasía

Un cuento de fantasía es un relato de cosas que no existen en la realidad.

Busca

- **personajes de animales que hablen.**

Nico y Benito

por David McPhail

Nico tiene una idea.

¡Ánimo, Nico!

¡Cómo pesa!

¿Qué hace Benito?

Benito pasa la soga.

Nico ata la soga.

¡Así sí! Benito ayuda a su amigo.

Benito se sube y camina.

¡Oh, no!

¡Toma la soga, Benito!

Nico ayuda a su amigo.

¡Qué divertido!

Reflexionar y responder

1. ¿Dónde están Nico y Benito al principio?

2. ¿Por qué Nico no puede mover el tronco?

3. ¿Cómo mueven el tronco Nico y Benito?

4. ¿Qué dice el autor sobre la colaboración entre amigos?

5. ¿Qué parte del cuento crees que es la más graciosa? ¿Por qué?

Conoce al autor
David McPhail

A David McPhail le gusta mucho combinar imágenes y palabras para crear cuentos. Dice, "Me gusta cómo los personajes encuentran una manera de cruzar el arroyo. Sé que no es fácil". A él le gustaría que tú también ayudaras a tus amigos como hacen Nico y Benito.

David McPhail

Visita *The Learning Site*
www.harcourtschool.com

89

Lectura
en voz alta
Género: Ensayo fotográfico

Los puentes:

por Byron James

Las personas siempre han necesitado puentes.

Hace mucho tiempo, los puentes eran así.

ayer y hoy

Hoy muchos puentes
son así.

Los puentes acercan
a las personas.

Hacer conexiones

Más aventuras

Comenta qué más podrían hacer Nico y Benito juntos. Decide algo. Escribe un cuento para la clase.

CONEXIÓN con la escritura

Trabajadores

Busca dibujos o fotos de gente trabajando en grupos. Haz un cartel con las distintas ocupaciones.

CONEXIÓN con los estudios sociales

Gente trabajando en grupos

Los castores colaboran

Los castores colaboran para construir sus diques y casas. Busca algún dato interesante sobre los castores. Cuéntalo a la clase.

CONEXIÓN con las ciencias

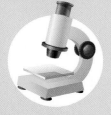

Secuencia

En un cuento, la acción sigue un orden que tiene sentido. Mira estas ilustraciones de "Nico y Benito".

¿Qué pasa primero?
¿Qué pasa después?
¿Qué pasa al final?

Visita *The Learning Site*
www.harcourtschool.com
Ve Destrezas y Actividades

94

Preparación para la prueba
Secuencia

Beto

Beto mira.

Beto juega.

Beto corre.

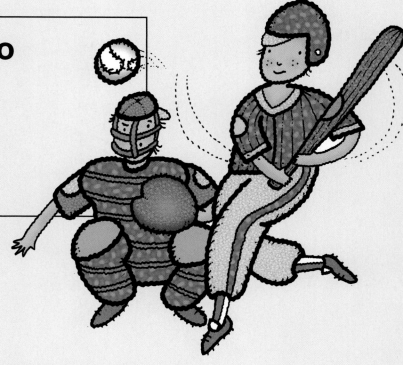

I. **¿Qué hace Beto al final?**

○ Beto juega.

○ Beto corre.

○ Beto mira.

sugerencia

Si se te olvida lo que pasó al final, lee de nuevo las oraciones.

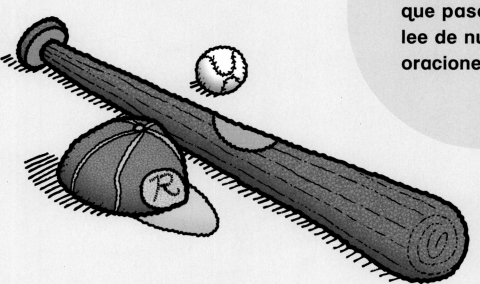

El poder de las palabras

Palabras para recordar

ahora

donde

dame

Mamá, ven ahora.
Mira a donde estoy.
¡Dame la mano, mamá!

97

Género

Ficción realista

Un cuento de ficción realista es un relato que pudo haber ocurrido pero que en realidad no sucedió.

Busca

- personajes que sean personas.
- sucesos que sean como cosas que has hecho o visto.

La sorpresa de Felipe

por

Paula Sullivan

ilustrado por

Nadine Bernard Westcott

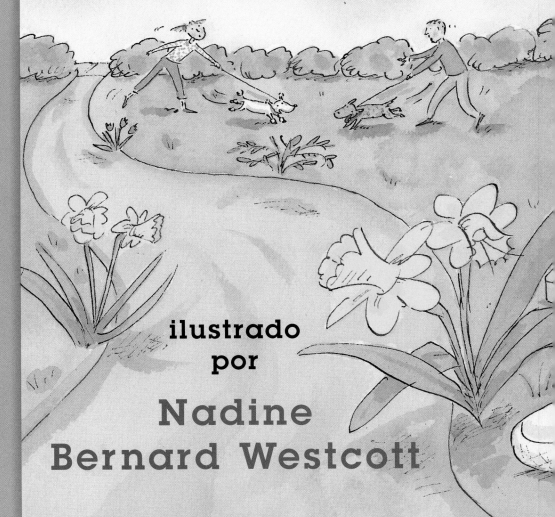

¡Mira, mamá!
Un foso.

Ahora no, Felipe.

¡Mira a **donde** me subí, mamá!

Camina, Felipe.

¡Mira, mamá!
Una hormiga.

No se toca, Felipe.

¡Mira, mamá!
Un lago.

Dame la mano, Felipe.

¡Mira, mamá!
Una sorpresa para ti.

¿Para mí?

¡Felipe, es una sorpresa fabulosa!

Reflexionar y responder

1 ¿Cuál es la sorpresa de Felipe?

2 ¿Por qué se sorprendió la mamá de Felipe?

3 ¿Qué crees que aprendió la mamá de Felipe en este cuento?

4 ¿Has ido alguna vez a pasear como Felipe? Cuenta cómo fue tu paseo.

5 ¿Por qué crees que el autor repite "¡Mira, mamá!" tantas veces?

Nadine Bernard Westcott

112

Conoce a la ilustradora

Nadine Bernard Westcott

Nadine Bernard Westcott comenzó a dibujar cuando era muy joven. ¡Le gusta mucho dibujar para niños porque es muy divertido! Para ilustrar *La sorpresa de Felipe* ella usó un lápiz negro especial y luego pinturas acrílicas. ¿Qué te parecen los dibujos? ¿Cómo te hacen sentir los colores?

Hacer conexiones

Un paseo con la clase

Anota en una lista todo lo que veas y oigas en un paseo en el patio de la escuela. Haz una lista de lo que ves y oyes.

CONEXIÓN con la Escritura

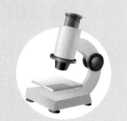

Cosas que veo y oigo

pájaros

rocas

El juego de la caja

Felipe le dio un regalo a su mamá. ¿Qué te gustaría regalarle a un miembro de tu familia? Dibuja tu regalo. Escribe sobre él.

Me gustaría regalarle flores a mi abuela.

¿Cuántos hay?

Coloca algunas cosas en una caja. Cuenta con un compañero cuántas hay. Luego escribe esta oración y completa el espacio en blanco.

En la caja hay _____ cosas.

Sílabas *la, le, li, lo, lu* y *fa, fe, fi, fo, fu*

Fonética

En este cuento has visto palabras que incluyen las sílabas *la, le, li, lo, lu* y *fa, fe, fi, fo, fu.* Éstas son algunas de ellas:

foso   Felipe   lago   fabulosa

Junta la sílaba *pe* con la sílaba *lo*. ¿Qué palabra obtienes?

Si lo deseas, puedes usar el Armapalabras para crear más palabras con estas sílabas.

Preparación para la prueba

Sílabas *la, le, li, lo, lu* y *fa, fe, fi, fo, fu*

1. ¿Cuáles dibujos tienen el sonido de *la, le, li, lo* o *lu?*

2. ¿Cuáles dibujos tienen el sonido de *fa, fe, fi, fo* o *fu?*

   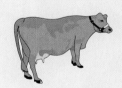

Sugerencia

Di en voz alta la palabra que representa cada dibujo.

El poder de las palabras

Palabras para recordar

esto

más

adónde

va

aquí

¿Adónde va el maíz?
Mira, aquí hay más maíz.
Esto sí es maíz.

No ficción

Un tema de no ficción describe libros de información y datos.

Busca

- fotografías que ayuden a explicar.
- información sobre un tema.

El maíz

por Lucy Floyd

¡Mira la foto! Esto es maíz.

El maíz es más alto que yo.

Así segamos el maíz.

¿Adónde va?

¡Aquí está!
En las latas y las bolsas.

¿Adónde va?

¡Aquí está!
¿Lo tenemos en la lista, mamá?

¿Adónde va?

¡Aquí está!
Lo comemos en mi casa.

¿Adónde va?

¡Aquí está!
Casi listas, sólo falta la sal.

¡Palomitas de maíz!
¡Lo que más me gusta!

Reflexionar y responder

1. ¿Cómo llega el maíz a tu casa?

2. ¿Por qué crees que los granjeros usan máquinas para recoger el maíz?

3. ¿Por qué crees que la autora dice que el maíz es "más alto que yo"?

4. ¿Qué come la familia al final del cuento?

5. ¿Cómo te gusta comer el maíz?

Conoce a la autora
Lucy Floyd

A Lucy Floyd le gusta mucho leer y escribir. Mientras escribía *El Maíz* recordó con cariño las plantaciones de maíz que veía al visitar a su abuela. "Pensé que sería divertido escribir sobre el maíz", dice Lucy Floyd, "porque a todos nos gustan las palomitas de maíz".

Visita *The Learning Site*
www.harcourtschool.com

135

¡Palomitas saltarinas!

por Judith Nicholls

ilustrado por Buket Erdogen

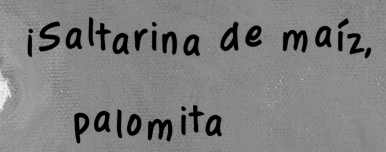

¡Saltarina de maíz,

palomita

brincadora!

¡Adentro,

afuera,

arriba,

abajo!

¡Intenta

agarrarme

ahora!

Hacer conexiones

Comida sana

Las palomitas de maíz son una comida sana. ¿Conoces otros alimentos sanos? Nombra algunos y haz un cartel con ellos.

Comida sana

manzana

zanahorias

yogur

138

¡Viva el maíz!

En este cuento aparece mucha gente trabajando.

Haz una lista con todas las ocupaciones que encuentres en "El maíz".

Haz un dibujo de lo que hacen.

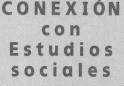

Alto como yo

El autor dice muchas cosas sobre el maíz. Completa esta oración y haz un dibujo para ella.

El maíz es más alto que _____.

Es más alto que una casa.

139

Secuencia

Destreza de enfoque

En los cuentos, la acción ocurre en un orden que tiene sentido. Mira estas ilustraciones de "El maíz".

- **¿Qué pasa primero?**
- **¿Qué pasa después?**
- **¿Qué pasa al final?**

Preparación para la prueba
Secuencia

A comprar maíz

Caminamos hasta la tienda.
Compramos una lata de maíz.
Volvemos a casa.

1. ¿Qué hacemos primero?
   - ○ Volvemos a casa.
   - ○ Caminamos hasta la tienda.
   - ○ Compramos una lata de maíz.

Sugerencia

Piensa en el cuento. ¿Qué haces antes de comprar la lata de maíz?

Palabras para escribir

Personas

bebé

niño

doctora

niña

cartero

hombre

policía

maestro

mujer

142

Colores

negro

marrón

naranja

rojo

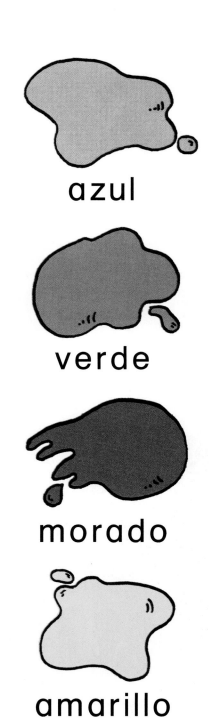

azul

verde

morado

amarillo

Palabras para escribir

Números

1 uno

2 dos

3 tres

4 cuatro

5 cinco

6 seis

7 siete

8 ocho

9 nueve

10 diez

Figuras

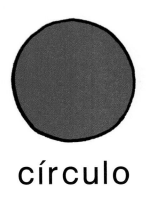

círculo

cuadrado

rectángulo

triángulo

estrella

corazón

Glosario

¿Qué es un glosario?

El glosario te puede ayudar a leer una palabra. Puedes buscar la palabra y leerla en una oración. Cada palabra tiene una ilustración para ayudarte a entenderla.

sorpresa Julia recibe una **sorpresa**.

ahora   **Ahora** el perro descansa.

aquí   **Aquí** hay peces.

ayuda   Juana **ayuda** a su amiga.

bolsa   Él tiene una **bolsa** de maíz.

corre   El perro **corre**.

divertido   ¡Qué **divertido** es jugar en la arena!

es   Mi papá **es** alto.

hace   El gato **hace** lío.

hormiga   La **hormiga** es pequeña.

mira   El perro **mira**.

151

sombrero   El **sombrero** es rojo.

sorpresa   Julia recibe una **sorpresa**.

152

soy   Yo **soy** Susi.

también   Juan **también** brinca.

Acknowledgments

For permission to translate/reprint copyrighted material, grateful acknowledgment is made to the following sources:

Charles Ghigna: "Kittens" from *Animal Trunk: Silly Poems to Read Aloud* by Charles Ghigna. Text copyright © 1999 by Charles Ghigna.

Judith Nicholls: "Popalong Hopcorn!" from *Popcorn Pie* by Judith Nicholls. Text copyright © 1988 by Judith Nicholls.

Photo Credits

Key: (t)=top; (b)=bottom; (c)=center; (l)=left; (r)=right
Page 65 Grant Heilman Photography; 90(t), Tom McHugh / Photo Researchers; 90(b), Robert Maier / Earth Scenes; 91(both), Superstock; 112, Rick Friedman / Black Star; 140(tr), (tl), Doug Dukane.

Illustration Credits

Richard Bernal, Cover Art; Dominic Catalano, 4-5, 8-9; Hala Wittwer, 6-7, 70-71; Holly Keller, 12-23; C.D. Hullinger, 24-25, 95; Alissa Imre Geis, 27; Dan Andreasen, 30-41; Cary Phillips, 42-43; Clare Schaumann, 44-45; Eldon Doty, 47; Alissa Imre Geis, 66-67; John Hovell, 69; David McPhail, 74-89; Christine Mau, 92-93; Tom Leonard, 93; Nadine Bernard Westcott, 98-113; Steve Björkman, 114-115, 138-139; Buket Erdogen, 136-137; Steve Haskamp, 141.

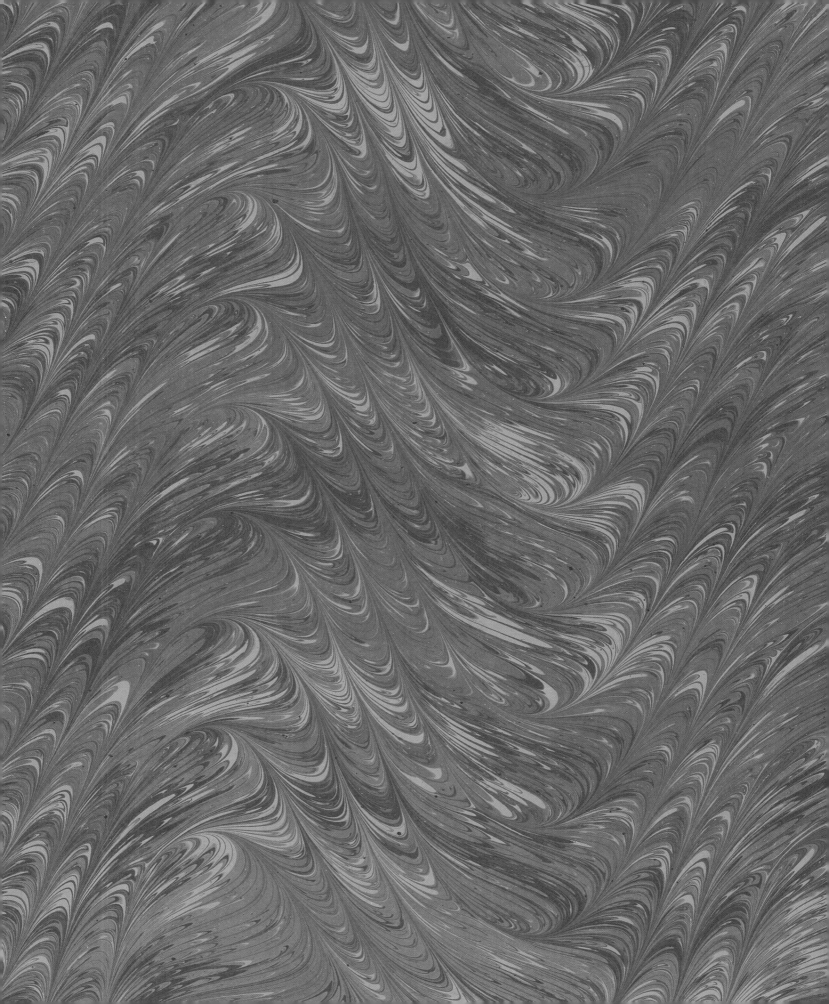

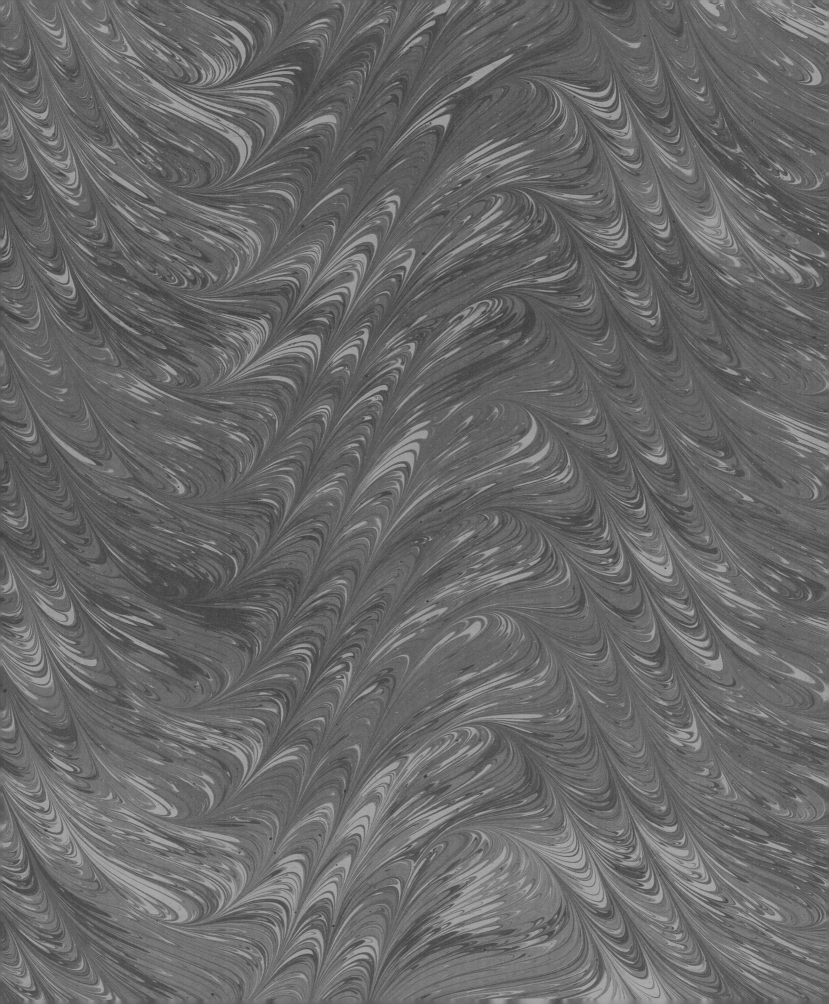